Virginie Aladjidi • Caroline Pellissier • Lili la baleine

Dis pourquoi on croit en Dieu ?

Deux Coqs d'Or

Au fil des pages, ta lecture est accompagnée de phrases de la Bible à méditer.

À chaque fois, nous t'indiquons leurs références afin que tu saches exactement où les retrouver.

Comment faire ?

- Si tu vois les noms Matthieu, Luc, Jean ou Marc, c'est un extrait des Évangiles. Ensuite sont indiqués le numéro du chapitre correspondant et celui du verset (la phrase précise).
- Le mot « psaume » est toujours suivi de son numéro ainsi que du verset concerné (il existe 150 psaumes réunis au même endroit dans ta bible).
- Quand on cite Ézéchiel ou Isaïe, il s'agit de prophètes (leurs livres se trouvent dans l'Ancien Testament, avant les Évangiles).
- Enfin, nous citons parfois l'Apocalypse ou des lettres de saint Paul adressées, par exemple, aux premiers chrétiens de Corinthe. Tu trouveras ces textes après l'Évangile, à la fin de ta bible.

Directrice : Sarah Kœgler-Jacquet
Directeur artistique : Florent Salaün
Responsable éditoriale : Sandra Berthe
Assistante d'édition : Marion Lambert

Suivi éditorial : Lucile Galliot
Conception graphique et mise en page : Flgraf / François Lemaire
Illustrations : Lili la baleine
Correction : Agnès Scicluna
Remerciements : Cathy Ducol

Sources principales de référence :

La Bible de la liturgie (Toutes les citations proviennent de la traduction Aelf.)

Le Catéchisme des évêques de France, association épiscopale catéchétique

Le credo et la liturgie de la messe

Vocabulaire de théologie biblique, Cerf.

Nihil obstat : P. G. Pelletier • **Imprimatur :** P. M. Vidal • 22 juin 2013

Des pourquoi et des comment, nous en avons des milliers. C'est beau de s'interroger !

En nous se bousculent des questions à poser…
Au caté, à nos parents, à l'aumônerie,
aux amis, aux adultes ou à notre aumônier.

Voici 120 questions sur la foi des chrétiens,
sur le Credo récité chaque dimanche[1],
et des réponses pour continuer
à réfléchir soi-même ou en groupe.

Pour s'interroger à nouveau, chercher,
lire, prier, regarder…
Des réponses pour se poser
d'autres questions encore !

Car le propre de l'homme, c'est l'intelligence,
sa liberté, de chercher Dieu,
sa chance, la possibilité de rencontrer Jésus.

Les auteures

1. Voir le Credo page 13.

Index thématique

Si tu t'interroges sur un thème en particulier, cherche-le dans les grandes catégories listées ci-dessous, puis reporte-toi au(x) numéro(s) de question(s) indiqué(s) en regard.

Bible

Vie des chrétiens

Fêtes

Foi

Amis de Dieu

Pourquoi Dieu a-t-Il créé les hommes ?

1

Dieu a d'abord créé le monde, toute sa richesse et toute sa beauté, la mer, le ciel, les étoiles et les animaux. Puis Il a créé l'homme et la femme, l'un pour l'autre, pour qu'ils soient heureux, qu'ils s'aiment et pour qu'ils soient ses amis.

2 Les autres religions ont-elles tort ?

L'Église a reçu un message qui s'adresse à tous les hommes. Elle ne reste pas fermée, mais dialogue avec tous, car elle croit que l'Esprit saint agit en chaque personne. Elle reconnaît que les autres religions apportent souvent « un rayon de la Vérité qui illumine tous les hommes ». Néanmoins, Jésus-Christ nous a enseigné qu'il est « le Chemin, la Vérité et la Vie » *(Jean 14, 6)*. C'est pour cela que nous parlons de lui autour de nous afin que les autres fassent aussi sa rencontre.

3 C'est quoi avoir la foi ?

C'est avoir « confiance », savoir qu'on peut s'appuyer sur quelqu'un, Jésus. La foi est un élan, une réponse à l'amour de Dieu. Elle se vit de façon personnelle, mais aussi communautaire.

4 Pourquoi y a-t-il des personnes qui ne croient pas en Dieu ?

Certains pensent que Dieu n'existe pas, que la vie humaine est le fruit du hasard. On ne peut imposer à personne la foi, c'est une expérience personnelle avec le Seigneur. Mais entendre parler de Jésus, de l'Église, permet à beaucoup de vivre cette rencontre. De se dire : « Ah, oui, cette présence qui me guide, c'est sans doute Dieu ! »

Dieu a-t-il fait le big-bang ? 5

Les scientifiques expliquent « comment » l'univers est né : d'un big-bang. La vie s'est ensuite développée. Ce très long chemin d'évolution se poursuit aujourd'hui encore. Pour les croyants, Dieu est le souffle créateur à l'origine du monde et de toute vie. Il continue de créer en permanence et maintient l'univers dans son déploiement. Le récit de la création, la Genèse, ne nous explique pas le « comment », mais le « pourquoi » : Dieu a façonné le monde et les hommes par amour, pour nous faire partager son bonheur.

« Je sais en qui j'ai mis ma foi… » 2 Timothée 1, 12.

Pourquoi Adam et Ève ont-ils croqué la pomme ? 6

Dieu a créé Adam et Ève pour qu'ils s'aiment, aient des enfants et soient heureux. Une seule chose leur est interdite : manger le fruit de la connaissance du bien et du mal. Mais ils désobéissent ! C'est le péché de chacun : se dire qu'on n'a pas besoin d'écouter le Seigneur. Mais en voulant se débrouiller tout seul, on passe aussi à côté de son amour infini.

Quelle est la différence entre les catholiques et les chrétiens ?

7

Parmi les amis de Jésus – ceux qu'on appelle les « chrétiens » – il y a plusieurs groupes qui se sont séparés au cours de l'Histoire. Il y a les catholiques, les orthodoxes – des orientaux qui ne voulaient pas d'un pape romain, occidental – et les protestants qui au XVIe siècle ont « protesté », entre autres, contre ceux qui, dans l'Église, vivaient davantage dans la richesse que dans la pauvreté évangélique. Pourtant, Jésus a dit : « Qu'ils soient UN. » (Jean 17, 11.) Il nous souhaite unis pour annoncer la bonne nouvelle. La division entre chrétiens, elle, est un contre-témoignage. Depuis le concile Vatican II, il y a 50 ans, les chrétiens prient pour l'unité. Cette démarche s'appelle l'œcuménisme. Tous, nous avons le même baptême et prions le même « Notre Père ».

« Il n'y a qu'un seul Seigneur, (...) un seul Dieu et Père de tous. » Éphésiens 4, 5-6.

8

Avoir la foi, est-ce que ça se voit ?

Chaque jour, le croyant essaie de se tourner vers Dieu, de mieux suivre son Fils et de lui ressembler. Le signe de cette conversion quotidienne, c'est sa joie ! Jésus nous dit : « C'est à l'amour que vous aurez les uns pour les autres que l'on reconnaîtra que vous êtes mes disciples. » (Jean 13, 25.)

Qu'est-ce que le Credo ? 9

Credo veut dire « Je crois » en latin. C'est une prière écrite avant les divisions entre chrétiens, et qui affirme le contenu de notre foi commune. Il existe aussi un Credo plus court : le Symbole des apôtres (ci-dessous).

Je crois en Dieu,
le Père tout-puissant,
créateur du ciel et de la terre.

Et en Jésus-Christ,
son fils unique, notre Seigneur,
qui a été conçu du Saint-Esprit,
est né de la Vierge Marie,
a souffert sous Ponce Pilate,
a été crucifié,
est mort et a été enseveli,
est descendu aux enfers,
le troisième jour,
est ressuscité des morts,
est monté aux cieux,
est assis à la droite de Dieu
le Père tout-puissant,
d'où il viendra juger
les vivants et les morts.

Je crois en l'Esprit Saint,
à la sainte Église catholique,
à la communion des saints,
à la rémission des péchés,
à la résurrection de la chair,
à la vie éternelle.

Qui suis-je pour Dieu ? 10

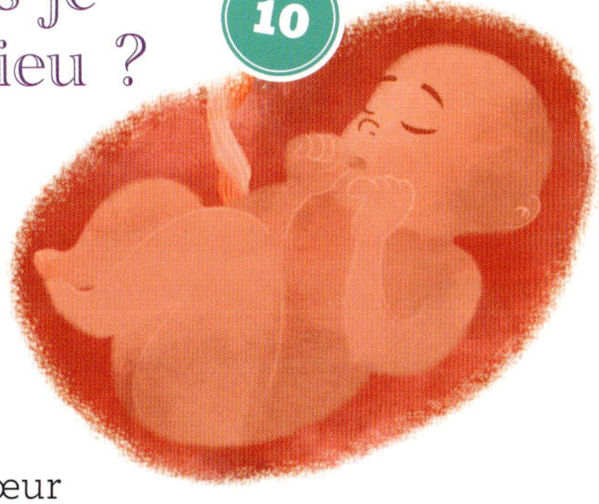

Bien avant que les parents désirent ou conçoivent un enfant, il est dans le cœur de Dieu, qui l'aime depuis toujours et pour toujours. « *C'est Moi qui t'ai créé,* dit Dieu, *qui t'ai formé. Ne crains pas, car Je t'ai racheté, Je t'ai appelé par ton nom, tu M'appartiens* ». (Isaïe 43, 1.)

11

Dieu peut-Il faire tout ce qu'Il veut ?

En ressuscitant Jésus, Dieu a vaincu la mort et le péché. Pourtant, le mal existe toujours, car nous attendons le retour du Christ pour vivre à 100 % dans son royaume de paix. Dieu ne fait pas tous les miracles que nous attendons : guérir notre ami malade, arrêter les guerres… Il laisse la nature se déployer selon ses lois et les humains libres d'agir, même si c'est pour faire le mal. À nous de faire grandir la paix et la justice dans le monde. Jésus nous a montré comment faire, suivons son exemple !

Qui est Moïse ?

12

Avec l'aide de Moïse, Dieu libère les Hébreux – le peuple qui croit au dieu unique – de l'esclavage en Égypte. Devant le bâton de Moïse, la mer s'écarte, les Hébreux la traversent : ils sont libres ! Puis Moïse et le peuple hébreu passent quarante ans au désert. Pendant cet exode, Dieu se fait connaître et fait alliance avec eux.

13

Est-ce Dieu qui a écrit la Bible ?

Non. Dieu n'a pas de papyrus ni d'encre ! Ce sont des hommes qui ont écrit les 46 livres de L'Ancien Testament et les 27 du Nouveau Testament. Des croyants, guidés par Dieu, ont raconté l'histoire de l'alliance entre Dieu et le peuple juif dans l'Ancien Testament, et la bonne nouvelle de la venue du Sauveur, Jésus, dans le Nouveau Testament.

Pourquoi Dieu a-t-Il demandé à Noé de construire l'arche ?

14

Au début de la Bible, Dieu voit que les hommes font le mal sur terre. Il demande à Noé, le dernier des justes, de construire une arche afin qu'il survive et bâtisse un monde nouveau avec sa famille et tous les animaux qu'il a sauvés des eaux. Après le déluge, Dieu fait de nouveau alliance avec les hommes, pour toujours.

Comment Dieu parle-t-Il aux hommes ?

15

Dieu parle tout d'abord à notre âme. C'est dans ce « cœur à cœur » que nous percevons qu'Il existe, qu'Il est vivant. Et puis, l'Esprit saint nous donne envie de prier, d'agir selon l'amour de Dieu. Enfin, la parole de Dieu, la Bible, nous parle aussi de Lui. Quand Jésus dit au paralytique : « Va, lève-toi ! », cette parole s'adresse aussi à chacun de nous, si on veut bien l'écouter.

« Celui qui a des oreilles, qu'il entende ! » Matthieu 13, 9.

16

À quoi sert la Bible ?

Pour les croyants, la Bible est la parole de Dieu, pas un simple livre ! On peut s'en servir pour prier, écouter ce que Dieu nous dit et apprendre à Le connaître. C'est un livre qui s'adresse à tous les âges, un trésor donné à chacun.

17 Pourquoi Dieu a-t-il donné à Moïse les dix commandements ?

Après avoir fui l'Égypte, Moïse et les Hébreux ont pris la direction de la Terre promise. En chemin, au pied de la montagne du Sinaï, Dieu a appelé Moïse, et lui a dit qu'il se tiendra toujours à leurs côtés. Il leur a proposé une alliance avec dix règles à respecter : les dix commandements. Cette loi est toujours source de vie pour les chrétiens. Jésus la connaissait bien et a ajouté un autre grand commandement : « Tu aimeras ton prochain comme toi-même. »

« Comment, jeune, garder pur son chemin ? En observant ta parole. » Psaume 118, 9.

18 Qui est Abraham ?

Il y a 4 000 ans, les hommes vénéraient plusieurs dieux. Abram rencontre le dieu unique qui lui dit : « Quitte ton pays et va vers le pays que Je te montrerai ! Je ferai de ta famille un grand peuple. » Abram est surpris, car il n'a pas encore réussi à avoir d'enfant. Mais il obéit, et part avec sa femme, Sara. Dieu lui donne un nouveau nom, comme une protection : Abraham. Et un jour, Sara attend un bébé... Ils remercient Dieu de tout leur cœur pour ce fils, Isaac. Abraham est « le Père des croyants » pour toutes les religions monothéistes. Il a écouté Dieu et a cru à sa promesse.

Pourquoi les hommes ont-ils construit la tour de Babel ?

19

Pour monter jusqu'au ciel ! Pour atteindre Dieu, être aussi grand que Lui. La Bible raconte que Dieu disperse alors les hommes à travers toute la terre et brouille leur langage : plus personne ne se comprend, et la construction ne pourra pas être achevée ! Ce texte nous permet de comprendre qu'à vouloir dépasser Dieu, à se croire plus fort, on se condamne à ne pas vivre heureux, mais aussi que la différence, soulignée ici par les diverses langues, est plus intéressante que l'uniformité.

20

Qui est David ?

David, un petit berger tout simple, a été choisi par Dieu pour devenir roi et guider son peuple. Sa grande foi lui permet de battre un guerrier redoutable, Goliath, avec une fronde pour seule arme. Mais ce n'est pas un homme parfait : il fait tuer un soldat pour lui prendre sa femme. Tout au long de sa vie, David compose et chante des prières, des psaumes, pour demander pardon à Dieu et Lui dire son amour. David est un modèle de croyant : il a confiance en Dieu.

21 Qu'est ce qu'un prophète ?

Le peuple d'Israël, installé dans le pays de Canaan où Moïse l'a conduit, prie le dieu unique qui les a libérés, mais aussi Baal et Astarté, des dieux locaux. Dieu veut refaire alliance avec son peuple. Il choisit et envoie des hommes parler en son nom : les prophètes. Parmi eux, il y a Amos, Osée, Michée, Isaïe, Sophonie, Jérémie, Ézéchiel, Aggée, Malachie, Joël, Zacharie... La Bible contient des livres à leur nom. Ils sont souvent rejetés et on veut les faire taire.

Qu'y a-t-il de nouveau dans le « Nouveau » Testament ?

22 Le Nouveau Testament est l'annonce qu'un monde nouveau a commencé ! Le peuple hébreu de l'Ancien Testament attendait le Messie. Il était annoncé par les prophètes. L'Évangile raconte sa venue : Jésus, envoyé par Dieu, est venu sauver tous les hommes, qu'ils soient juifs ou non. Puis il est ressuscité, il a vaincu la mort : dès lors, plus rien ne sera jamais comme avant !

23

La Bible s'arrête-t-elle quand Jésus monte au ciel ?

Non. Après la fin des Évangiles narrant la vie, la mort et la résurrection de Jésus, il y a les actes des apôtres et les épîtres qui racontent l'annonce de la bonne nouvelle par les disciples, ainsi que l'Apocalypse de saint Jean qui nous donne un aperçu de la fin des temps.

« Ta parole est la lumière de mes pas. » Psaume 118, 105.

24

Est-ce que Dieu est le père de tous les hommes ?

Dieu aime chacun. Chaque homme, chaque femme peut se tourner vers Lui, Le chercher. Il est le Père de celui qui se tourne vers Lui avec la confiance d'un enfant.

25

Qui est Jean Baptiste ?

Cousin de Jésus, fils d'Élisabeth, Jean Baptiste est un prophète : il parle de Dieu aux juifs et les baptise dans l'eau du Jourdain. Il est vêtu d'une simple peau de bête et se nourrit de sauterelles dans le désert. Il annonce que celui qui est la vie, le Sauveur, va enfin venir. Jésus est ce Messie tant attendu !

Un bébé dans une étable !

Dans la crèche de Bethléem, un petit enfant est né.
C'est Jésus, le Fils de Dieu, qui est venu habiter parmi les hommes ! Sa maman, Marie, le contemple.
Joseph, son papa, veille sur eux.
C'est le premier Noël !

Comment Marie a-t-elle su qu'elle attendait Jésus ?

26

C'est un messager de Dieu, l'ange Gabriel, qui a annoncé à Marie la grande nouvelle : « Réjouis-toi, Marie, car tu porteras un enfant. Il sera le Fils de Dieu ! » Comme Marie n'habitait pas encore avec Joseph, elle demanda comment cela serait possible. « L'Esprit de Dieu viendra sur toi », lui répondit l'ange. Et ce jour-là, le jour de l'Annonciation, Marie a dit oui.

« Rien n'est impossible à Dieu. » Luc 1, 37.

Jésus est-il vraiment né un 25 décembre ?

27

Il est absolument certain que Jésus a existé. Mais on ne sait pas exactement la date de son anniversaire !
On a choisi la date du 25 décembre, car c'est le moment où les longues nuits commencent à raccourcir : la naissance de Jésus est lumière pour le monde entier !

28

Les anges existent-ils ?

Les anges existent depuis la création du monde, et sont présents dans toute son histoire : ils sont les serviteurs et les messagers de Dieu. On en rencontre à de nombreuses reprises dans la Bible, et ils accompagnent notre vie, même si nous ne nous en rendons pas compte !

29

Pourquoi s'offre-t-on des cadeaux à Noël ?

À Noël, Dieu a offert à chacun le plus beau cadeau qu'on puisse jamais recevoir : Jésus, le Sauveur ! Quelle fête ! Quelle joie ! À notre tour, nous avons envie de donner, de partager, de rendre les autres heureux. C'est pourquoi nous nous offrons des cadeaux.

30

Qui était le père de Jésus, Dieu ou Joseph ?

Jésus est le Fils de Dieu et de la vierge Marie. Mais tout le monde a besoin d'un papa sur terre ! Jésus a été confié à Joseph pour qu'il l'aide à grandir, le protège et l'aime. Saint Joseph est un modèle pour les papas.

31 À quoi servent les calendriers de l'avent ?

L'avent est la période qui précède Noël. C'est aussi le début d'une nouvelle année pour les chrétiens. Chaque jour de l'avent, on se rapproche de Noël, et on prépare son cœur à cette grande fête. C'est pourquoi, chaque jour, on ouvre une fenêtre du calendrier comme on ouvre son cœur !

32 Que faisait Jésus quand il était enfant ?

Jésus jouait avec ses amis, faisait des câlins avec son papa et sa maman, apprenait des choses nouvelles tous les jours. Dans l'Évangile, il est écrit : « Jésus grandissait, en sagesse, en taille et en grâce, sous le regard de Dieu et celui des hommes. » (Luc 2, 52.) Comme nous !

33 Pourquoi met-on une étoile au-dessus du sapin ?

L'étoile en haut du sapin rappelle l'étoile qu'ont suivie les mages. Ces grands savants venus d'Orient avaient compris qu'elle indiquait où se trouvait le roi des juifs qui venait de naître, et ils voulaient lui rendre hommage. Quand ils trouvèrent Jésus dans la crèche, leur cœur fut rempli de joie !

34 Pourquoi installe-t-on des crèches à Noël ?

Tous les personnages arrivent petit à petit à la crèche : le bœuf, puis les [illegible]ns, les bergers, l'âne, Joseph, Marie, au loin les mages et, le 25 décembre, [illegible] peut mettre autant de santons que l'on veut. Tous ont fait un long [illegible]contrer Jésus. En installant la crèche au début de l'avent, [illegible]commence ce voyage avec eux, pour dire à Jésus qu'on l'aime !

« Tu as fait grandir la joie. » Isaïe 9, 2.

35 Pourquoi mange-t-on des galettes des rois en janvier ?

Début janvier, nous fêtons l'arrivée des mages à la crèche : c'est l'Épiphanie. Ces grands savants, qu'on appelle les Rois mages, s'inclinent et adorent Dieu fait tout petit, ils lui offrent des cadeaux. Nous nous rappelons leur joie en partageant une galette et, avec un peu de chance, en devenant roi grâce à la fève !

36 C'est quoi être chrétien ?

Être chrétien, c'est croire en Jésus et en son message. C'est vouloir le prendre pour modèle.

37

Pourquoi dit-on que Jésus était juif et pas chrétien ?

Parce qu'il était juif ! Jésus est né il y a 2 000 ans dans une famille juive très croyante de Palestine, un pays entouré de déserts. Le peuple juif attendait la venue du Messie. Les chrétiens sont ceux qui, après avoir rencontré Jésus ou entendu parler de lui, ont cru qu'il était ce Messie tant espéré (le mot « chrétien » vient du mot : « Christ »). Les juifs sont donc nos « pères dans la foi » ! Nous partageons un grand nombre de textes, ceux contenus dans l'Ancien Testament, que l'on continue de lire dans les synagogues et les églises du monde entier.

Que faisait Jésus toute la journée ?

38

Jusqu'à ses 30 ans, Jésus a vécu comme tout le monde à cette époque. C'était un homme comme nous : il dormait, mangeait, riait avec ses amis, travaillait... Mais c'était aussi le Fils de Dieu : après avoir été baptisé par Jean Baptiste, il est parti sur les routes pour enseigner les foules, faire des miracles, parler de son Père et de son royaume.

39 Quelle mission Jésus nous a-t-il confiée ?

Juste avant de mourir, pendant son dernier repas, Jésus a dit à ses amis ce qu'il attendait d'eux : « Je vous donne un commandement nouveau : c'est de vous aimer les uns les autres, comme je vous ai aimés. » (Jean, 13, 34.) Cette nouvelle loi ne vient pas remplacer les dix commandements, elle leur donne tout leur sens. C'est ainsi que nous construirons le royaume de Dieu !

« Je ne vous appelle plus serviteurs, dit Jésus [...], je vous appelle mes amis. » Jean 15, 15.

Comment Jésus a-t-il choisi ses amis ? 40

Très simplement : en les appelant ! « Viens, suis-moi ! » disait-il. Et ceux qui le souhaitaient se sont levés, ont laissé là leurs affaires, et sont partis avec lui ! Jésus appelait tout le monde à le suivre, mais certains ont partagé sa mission : ce sont les douze apôtres. Les évêques sont leurs successeurs. Aujourd'hui c'est le pape, le successeur de Pierre, qui les nomme. De tout temps, Jésus appelle chacun à devenir son ami. N'entends-tu pas sa voix ?

41

Pourquoi Jésus demande-t-il d'aimer ses ennemis ?

Ça semble impossible d'aimer ses ennemis, ceux qui nous dérangent, qui nous blessent, qui nous agacent. Pourtant, Jésus a aimé Judas, celui qui l'a trahi, qui l'a livré pour qu'il soit mis à mort. Jésus nous appelle à aimer comme lui, sans mesure, à laisser l'amour de Dieu pour chacun, quel qu'il soit, passer dans nos cœurs.

« Chaque fois que vous l'avez fait à l'un de ces petits, dit Jésus, c'est à moi que vous l'avez fait. » Matthieu 25, 40.

42

Qu'est-ce qu'on gagne à aider les autres ?

C'est difficile de compter exactement ce qu'on gagne en aidant les autres, car c'est un bonheur incalculable ! C'est la joie de voir que celui qu'on a aidé se sent mieux, d'avoir fait ce choix, d'avoir fait progresser un peu le royaume de Dieu. Ce sont aussi des découvertes sur soi-même : il n'est d'ailleurs pas rare de s'apercevoir que l'on a plus reçu que donné !

43

Pourquoi y a-t-il des clochards dans la rue ?

Comment comprendre qu'il y ait des personnes pauvres, malades, malheureuses ? On peut trouver des tas d'explications, mais la cause profonde, personne ne la connaît. Pour chacun d'entre nous, la souffrance des autres est un appel à rencontrer Jésus, dans chaque personne qui la porte.

Doit-on donner tous ses jouets aux pauvres ?

44

Bien sûr, Jésus nous appelle à partager avec les plus pauvres, avec les plus petits que nous, car cela rend très heureux ! Mais il veut aussi que nous nous posions les bonnes questions. À la fin de ma vie, qu'est-ce qui pèsera le plus lourd dans mon cœur : tout ce que j'aurai amassé comme richesse ou les liens d'amour et d'amitié que j'aurai tissés ?

Jésus est-il vraiment avec nous ?

45

Jésus nous l'a promis : « Je suis avec vous tous les jours jusqu'à la fin du monde. » (Matthieu 28, 20.) Regarde ces enfants réunis, regarde chacun de leurs visages. Ils portent le mystère de la vie, ils sont à l'image de Dieu. Sois attentif aux gens que tu croises au quotidien, à l'école, à l'église, dans ta rue ou en vacances. À travers chacun d'eux, tu rencontreras Jésus.

Qu'est-ce qu'une parabole ? 46

Ce mot vient du grec ancien et signifie « comparaison ». Jésus se servait de ces histoires imagées pour illustrer ce qu'il voulait enseigner sur le Royaume de Dieu.

Quand on plante la plus petite des graines, la graine de moutarde, que se passe-t-il ? *(Va voir Matthieu 13, 31.)*

Le maître confie des talents à ses serviteurs, qu'en feront-ils ? *(Va voir Matthieu 25, 14.)*

Quand un berger perd une de ses cent brebis, que fait-il ? *(Va voir la parabole relatée dans Luc 15.)*

Jésus a raconté beaucoup de paraboles, on peut les lire et les relire à tous les âges de la vie !

« Cherchez, vous trouverez, dit Jésus. Frappez, la porte vous sera ouverte. » Matthieu, 7, 7.

47

Jésus était-il parfait ?

Dans le désert où il s'était retiré, Jésus a été tenté par le démon qui lui offrait des choses difficiles à refuser. Mais il a résisté, et n'a pas cédé. Parce que Jésus n'est pas seulement Dieu, mais aussi pleinement homme, nous pouvons espérer l'imiter dans sa perfection, la perfection de l'amour.

48 À quoi sert le pape ?

Le pape guide les catholiques. Il est au service de Dieu et de l'Église. Il est aussi évêque de Rome, la ville du Vatican, le petit État où il vit. Avant de mourir, Jésus avait dit à Simon-Pierre : « Tu es Pierre, et sur cette pierre je bâtirai mon Église. » (1 Co 15.) Le pape actuel, François, est le 265e pape depuis Pierre ! Il rappelle aux chrétiens que Jésus nous demande d'accueillir les pauvres et de se tourner vers lui.

49 Peut-on rencontrer Dieu aujourd'hui ?

Oui ! Dieu parle par des signes si on se fait attentif ! Chaque soir, on peut regarder sa journée et se demander : « Dieu a-t-il voulu me dire quelque chose ? » Cela s'appelle une « relecture ». Un signe est souvent donné par une personne que l'on a croisée : une parole qui nous éclaire, un geste qui nous console, une attitude qui nous fait comprendre ce que Jésus attend de nous. Nous aussi, nous pouvons être témoins pour les autres ! L'Esprit saint agit en chacun.

50

Pourquoi Jésus fait-il des miracles ?

Jésus a nourri des foules, guéri des malades, rendu la vue à des aveugles, ressuscité des morts. Ces miracles visibles sont souvent le signe de miracles intérieurs, invisibles : il a guéri les cœurs et nourri les âmes. Par ces gestes, Jésus nous dit qui il est : le Fils de Dieu, venu pour détruire la souffrance, la maladie et la mort, mais aussi nos égoïsmes. Il est ce Dieu qui fait des merveilles ! Aujourd'hui encore, de nombreux miracles se produisent : ils sont des signes de son amour pour nous.

« Je suis venu pour que les hommes aient la vie, dit Jésus, pour qu'ils l'aient en abondance. » Jean 10, 10.

Jésus était-il heureux ?

51

Qu'est-ce qu'être heureux ? Dans un de ses enseignements, Jésus a décrit lui-même la foule des bienheureux : les doux, ceux qui pleurent, les pauvres, les persécutés... Pas forcément ceux qu'on imagine ! Toutes ces personnes remettent simplement leur vie dans les mains du Père, comme Jésus lui-même.

52

Jésus ne parle-t-il qu'aux gens bien ?

Jésus est devenu l'ami de Zachée, le collecteur d'impôts que tout le monde détestait ; il a demandé à boire à la Samaritaine, méprisée par les juifs ; il a défendu la femme adultère, condamnée par tous… Jésus est venu pour chacun, quelles que soient sa religion, sa condition, ses actions. Et il aime même spécialement les plus petits, les plus pauvres, les plus malheureux !

Pourquoi Judas a-t-il trahi Jésus et pourquoi Pierre l'a-t-il renié trois fois ?

53

Judas a eu envie de l'argent qu'on lui proposait s'il le dénonçait… Pierre a eu peur de dire qu'il était un ami de Jésus juste après son arrestation. L'envie, la peur… tous les humains éprouvent ces sentiments, même les amis les plus proches de Jésus. Pourtant, ils voulaient lui être fidèles, le suivre jusqu'au bout ! Nos péchés ne doivent pas nous décourager. Dieu, lui, est fidèle et patient. Il attend notre amitié renouvelée.

Qu'est-ce que le carême ?

54

Le carême, ce sont quarante jours pour se préparer à la joie de Pâques. Chacun essaie de se convertir, c'est-à-dire de se tourner vers Dieu, en priant, en partageant et en demandant pardon.

BIBLE

55

Quand commence le carême ?

Le carême commence le mercredi des Cendres par une célébration où le prêtre met de la cendre sur le front de chacun. Nous nous souvenons ainsi que nous sommes « poussière », petits devant Dieu. Il dit : « Convertissez-vous et croyez à la bonne nouvelle. » Pendant le carême, l'Église propose un jeûne pour se tourner vers Dieu, jeûne de nourriture ou de toute chose, comme les jeux vidéo ou la télévision par exemple, qui occupent notre attention au détriment du temps donné aux autres et au Seigneur.

56

Comment prier ?

Le cœur à cœur avec Dieu peut prendre différentes formes : le silence, le chant, les paroles des prières connues, les mots qui viennent du cœur : « s'il te plaît », « pardon », « merci ! » Et aussi : « je t'adore ! » Debout, à genoux, les yeux fermés ou en dansant : tout notre être peut être en lien avec le Seigneur.

Jésus priait-il ? 57

Oui ! Comme tous les juifs, Jésus prie Dieu au quotidien, en particulier avec les psaumes. Il entretient avec Lui une relation unique. D'ailleurs, c'est lui qui a appris le « Notre Père » à ses disciples. Juste avant de mourir, Jésus Lui dit encore « Abba » (papa)… La prière est la respiration de son existence.

« Il ne suffit pas de me dire : « Seigneur ! » pour entrer dans le royaume des cieux. » Matthieu 7, 21.

58

Pourquoi y a-t-il des clochers dans les églises ?

Dans les clochers, il y a des cloches. Elles sonnent et appellent : « Venez ! Le Seigneur vous invite à le louer, à communier ! » C'est dimanche : la communauté se regroupe et fortifie la foi de chacun.

Pourquoi faire un don pendant le carême ? 59

Partager, c'est une demande de Jésus. Le carême nous donne l'occasion de faire un effort particulier : donner de l'argent à une association en faveur des plus pauvres ou des malades, par exemple. Plus nous aidons nos frères, plus nous nous faisons proches de Dieu.

60 Que veut dire : « Alléluia » ?

En hébreu, *alléluia* veut dire « louez Yahvé ! », « louez Dieu ! ». L'assemblée l'emploie pour exprimer sa joie ou son accord. En particulier avant d'écouter l'Évangile. Pendant le carême, on ne le dit pas, mais le jour de Pâques, le revoilà !

« S'il me manque l'amour, je ne suis rien. » 1 Corinthiens 13, 2.

61 Obtient-on tout ce qu'on veut quand on prie ?

On n'obtient pas forcément « ce qu'on veut », mais ce que Dieu veut nous donner, ce qui est bon pour nous (Inutile, dès lors, de Lui demander le château de nos rêves !) Dieu nous écoute et nous aime. Il est toujours prêt à répondre. « Demandez et l'on vous donnera », dit Jésus. (Matthieu 7, 7.)

62

Peut-on pardonner à ses ennemis ?

Avec la force de l'Esprit d'amour de Dieu, certains arrivent à pardonner, sans forcément oublier ce qui s'est passé. Jésus nous dit de pardonner 7 fois 77 fois. C'est vraiment le cœur du message chrétien !

63

Dieu peut-Il tout pardonner ?

Sur la croix, Jésus a dit à Dieu : « Père, pardonne-leur, ils ne savent pas ce qu'ils font. » Jésus est prêt à pardonner à ses bourreaux ! Tant d'amour permet à Dieu de pardonner à ceux qui se tournent vers Lui le cœur sincère, qui regrettent leur geste, et sont décidés à ne plus recommencer.

Comment être pardonné ?

64

Pour recevoir le pardon d'un ami, il faut le lui demander. Ainsi l'amitié sera rétablie !
Dans notre prière quotidienne, nous demandons pardon à Dieu pour Lui redire notre confiance. Au début de la messe, nous invoquons à nouveau sa miséricorde, tous ensemble.
Enfin, lors du sacrement de pénitence et de réconciliation, le prêtre pardonne les péchés au nom de Dieu. Il nous dit les paroles de Jésus : « Va et ne pèche plus. » L'alliance est renouée !

65 Comment a-t-on su que Jésus était ressuscité ?

« Soyez sans crainte ! dit aux femmes un jeune homme vêtu de blanc, près du tombeau. Je sais que vous cherchez Jésus, le crucifié. Il n'est pas ici, il est ressuscité, comme il l'avait dit. »
Les amies de Jésus sont bouleversées. Mais après la peur, c'est la joie qui monte en elles. Elles courent dire à Simon-Pierre que le tombeau est vide et que Jésus est passé de la mort à la vie. C'est Pâques !

66

Pourquoi Jésus n'a-t-il pas fait un miracle pour éviter de mourir ?

Peu avant d'être crucifié, sachant ce qui l'attendait, Jésus a dit à Dieu : « Que cette épreuve de la mort s'éloigne ! », mais il a aussitôt ajouté : « Père, qu'il soit fait selon ta volonté. » Confiant, il a accepté ce qui se passait. Il savait Dieu présent. En mourant sur la croix, Jésus a dit : « Abba, Papa… », c'était un mot d'amour. Le Père n'a pas abandonné Jésus : il l'a relevé de la mort, et nous avec. Car rien n'est impossible à Dieu.

67

Qu'est-ce qui est le plus important, Pâques ou Noël ?

Pour les chrétiens, le plus important, c'est que Jésus soit vivant, qu'il nous accompagne. Nous le célébrons à Pâques ainsi que chaque dimanche. Noël est aussi une grande source de joie : nous nous inclinons devant Jésus, un Dieu qui se fait si fragile, si proche de nous ! Jésus, Dieu incarné et Dieu vainqueur de la mort, illumine nos vies.

68

Jésus est-il vraiment mort ?

Oui, comme tout homme, Jésus est né du ventre de sa mère, a vécu, puis est mort. Son souffle l'a quitté, son cœur s'est arrêté. Mais parce qu'il était Fils de Dieu, le troisième jour, Dieu l'a ressuscité.

69 Qu'a fait Jésus, une fois ressuscité ?

Après sa résurrection, Jésus est apparu plusieurs fois à ses disciples. Il leur a montré qu'il n'était ni un esprit ni un fantôme en se laissant toucher et en partageant des repas avec eux. Son corps ressuscité portait encore les marques des blessures de la croix. Au fil de ces rencontres, ses amis ont fini par comprendre l'incroyable vérité : Jésus est vivant ! Leur témoignage est le fondement de notre foi.

« Heureux celui qui croit sans avoir vu. » dit Jésus. Jean 20, 29.

70 Pourquoi Jésus a-t-il été cloué sur une croix ?

Certains juifs étaient si choqués que Jésus se dise le Fils de Dieu qu'ils ne pouvaient supporter qu'il continue à vivre. Leurs chefs ont demandé sa condamnation à mort sur une croix, un supplice réservé aux bandits. Jésus a accepté la croix ; il a accepté de donner sa vie.

71 Jésus reviendra-t-il ?

Jésus est déjà avec nous dans l'eucharistie. Mais son royaume d'amour est encore en construction : il y a encore du mal sur la terre. Lors de la fin du monde, Jésus reviendra devant tous pour juger les vivants et les morts. Le mal sera définitivement vaincu, et chacun sera libre de vivre pour toujours avec Dieu.

« Vous cherchez Jésus de Nazareth, le crucifié ? Il est ressuscité. » Marc 16, 6.

Jésus est-il vraiment monté au ciel ? 72

Après ses apparitions, Jésus a été appelé par son Père à Le rejoindre. Ses apôtres l'ont vu monter au ciel. C'est ce que nous fêtons quarante jours après Pâques, à l'Ascension (en latin, ce mot veut dire « monter »). Jésus n'est pas parti à des milliers de kilomètres : il est avec Dieu et toujours présent sur terre, dans son Église. Nous espérons qu'un jour, à la fin des temps, nous-mêmes et tous les morts ressusciterons aussi. Nous serons à notre tour auprès de Dieu avec notre être tout entier. C'est un mystère, une merveille.

73

Pourquoi les chrétiens ont-ils des croix chez eux ?

Dans la vie, on a besoin de signes ! Pour penser à sa marraine, on garde précieusement son cadeau ; pour penser à son grand-père, on regarde une photo… De même, les croix dans nos maisons nous aident à penser à Jésus. Pour nos visiteurs, elles sont aussi un moyen de témoigner de notre foi. La croix rappelle la mort et la résurrection de Jésus. Elle nous rappelle ce don précieux qu'il a fait de sa vie, mais aussi que l'amour de Dieu est plus fort que la mort.

74

Pourquoi cache-t-on des œufs à Pâques ?

Autrefois, pendant le carême, on ne mangeait pas d'œufs, on les gardait de côté jusqu'au jour de Pâques. Depuis, les œufs en chocolat font partie de la fête. En Russie, on les offre en disant : « Christ est ressuscité ! » Et celui qui les reçoit répond : « Il est vraiment ressuscité ! »

75 Pourquoi fait-on sa première communion ?

On communie la première fois – et toutes les fois suivantes – pour recevoir Jésus qui se donne à nous sous la forme du pain et du vin. Tous ceux qui communient dans le monde entier s'unissent ainsi au Seigneur et sont emplis de son amour.

Le pain, le vin, l'écoute de la Bible, la prière commune, tout cela leur donne de la force pour essayer de changer le monde !

76

A-t-on besoin de l'Église pour croire ?

Jésus est la tête d'un grand corps : l'Église. Tous les baptisés, au ciel et sur la terre, sont les membres de ce corps, unis à Jésus. Chacun est unique et indispensable. Croire en Jésus, c'est croire en l'Église !

77

Jésus est-il présent dans les églises ?

Jésus est présent dans le cœur de chacun lorsqu'il prie, partage ou aide son prochain. Nous le rencontrons aussi de façon très intime en allant à la messe et en communiant au pain et au vin consacrés. Le pain azyme (sans levain) du temps de Jésus est aujourd'hui une hostie, un petit pain rond et plat. Après la messe, les hosties consacrées – « présence réelle » de Jésus – sont conservées dans le tabernacle, une sorte de petit temple près duquel une lumière rouge nous invite à nous incliner. Présent dans toutes les églises du monde, Jésus se fait tout proche ! Profitons-en pour le visiter à chaque fois que nous le pouvons !

78 N'est-ce pas étrange de « manger le corps » de Jésus et de « boire son sang » ?

En hébreu, le mot « corps » désigne la présence de l'être tout entier, pas seulement l'enveloppe charnelle et le mot « sang », la vie qui circule en nous. À travers le don de son corps et de son sang, c'est sa présence et sa vie que nous transmet Jésus. Il souhaite également nous faire comprendre que, contrairement à ce qui se pratiquait à cette époque, ce ne sont pas les sacrifices d'animaux qui plaisent à Dieu, mais le don de soi-même, de son temps, de sa vie : « Il n'y a pas de plus grand amour que de donner sa vie pour ses amis ! »

« Je suis le pain de la vie », dit Jésus. Jean 6, 51.

79 À quoi servent les enfants de chœur ?

Servir la messe, c'est participer à la beauté de la liturgie tout en aidant le prêtre et l'assemblée. Tous les enfants peuvent demander au célébrant comment lui rendre service ! Ceux qui le font en tirent une grande joie et vivent la messe d'une façon active !

Que veut dire : « amen » ?

80

En hébreu, « *amen* » se rattache à la même racine que le mot « croire » et exprime aussi la fidélité, la solidité. Dire « amen », c'est une façon de dire « Oui, c'est vrai ! », « Oui, je crois ! ».

Tout le monde a-t-il le droit d'aller à la messe ?

81

Bien sûr, pour communier au corps et au sang du Christ, il faut être baptisé, mais la messe est pour tous. « Goûtez et voyez comme est bon le Seigneur », nous dit la Bible. Tout le monde est invité à la fête, quelle que soit sa vie.

« De même que le Père m'a envoyé, moi aussi je vous envoie », dit Jésus. Jean 20, 21.

82

Y a-t-il des messes seulement le dimanche ?

Le dimanche, le jour du Seigneur, est spécialement consacré à Dieu en souvenir de la résurrection de Jésus d'entre les morts : on ne travaille pas et on se réunit pour Le fêter. Mais si l'on veut, on peut aller à la messe et communier tous les autres jours de la semaine pour mettre Dieu au cœur de sa vie.

Qu'est-ce qu'un sacrement ? 83

À chaque moment de sa vie, quand il naît, quand il fait un péché, quand il est amoureux, quand il s'engage, quand il a le désir de communier, quand il souffre, l'Homme peut recevoir un signe de Dieu, un sacrement, source de force et de grâces. Par les sept sacrements que sont le baptême, la confirmation, la réconciliation, le mariage, l'ordre, l'eucharistie et l'onction des malades, Dieu manifeste son amour pour chacun de nous.

84

Suffit-il d'aller à la messe pour être chrétien ?

Non. Être chrétien, c'est suivre le Christ en tout, c'est-à-dire donner sa vie pour les autres, servir, aimer son prochain comme soi-même. Le mot « messe » vient du latin *mittere* qui veut dire « envoyer ». Jésus nous rassemble à la messe, puis nous envoie agir en chrétiens dans le monde !

85

Pourquoi le prêtre et les lecteurs s'inclinent-ils devant l'autel ?

L'autel est la table du Seigneur à laquelle nous sommes invités et où Jésus se rend présent dans le pain et le vin. Il est aussi symbole du Christ. Le prêtre et le lecteur s'inclinent donc devant lui de façon à saluer Jésus avec respect. Lui montrer notre amour se fait aussi par mille gestes quotidiens.

86

Pourquoi les prêtres portent-ils des robes ?

Pour célébrer la messe, le prêtre porte une chasuble sur une aube. Ce grand manteau symbolise l'amour de Dieu qui enveloppe celui qui Le sert. Selon le temps liturgique, la couleur de la chasuble change : blanche à Pâques et à Noël, verte pour le temps ordinaire, violette pendant l'avent et le carême...

87

Pourquoi y a-t-il des images sur les vitraux ?

Les images que l'on voit parfois sur les vitraux nous parlent de Dieu, des saints ou de récits de la Bible : un véritable catéchisme de verre ! Les vitraux sont là pour laisser passer les rayons du soleil. Une lumière douce, transformée, entre par ces grandes fenêtres colorées, comme la lumière de Jésus dans nos cœurs.

« Heureux les habitants de ta maison, Seigneur ! » Psaume 83.

88

Pourquoi y a-t-il des lumignons allumés dans les églises ?

On peut allumer des lumignons ou des cierges dans les églises. La flamme qui brûle est comme la prière ardente de notre cœur. Elle monte vers le ciel, symbolisant notre élan vers Dieu. De plus, elle continue de scintiller même après notre départ, signe que notre prière perdure au-delà des mots prononcés.

89 Comment devient-on chrétien ?

Le prêtre verse de l'eau sur ce bébé, et lui dit : « Je te baptise au nom du Père et du Fils et du Saint-Esprit. » Il devient enfant de Dieu pour toujours, et entre dans la famille des chrétiens. Son papa, sa maman, son parrain, sa marraine, sa famille et ses amis l'entourent. C'est un grand jour !

Faut-il absolument être baptisé pour aller au paradis ?

90

Tous les hommes n'ont pas la chance de connaître la bonne nouvelle de Jésus, son Évangile, ou d'avoir la possibilité d'être baptisé. Mais si une personne cherche la vérité et fait la volonté de Dieu, l'Esprit saint lui offre d'être associée au bonheur de vivre avec Dieu pour la vie éternelle.

Pourquoi verse-t-on de l'eau sur la tête des baptisés ?

91

L'eau est signe de vie : sans eau, nous mourons. Mais elle est aussi signe de mort : on peut s'y noyer. Par l'eau du baptême, les baptisés meurent et renaissent avec Jésus, qui est mort et ressuscité, vivant pour toujours ! Ils meurent au péché et entrent dans une vie nouvelle : la vie avec Dieu, la vie de l'Esprit, la vie éternelle.

92 Que signifie le cierge remis aux baptisés ?

Jésus a dit : « Je suis la lumière du monde. Celui qui me suit ne marchera pas dans les ténèbres, mais il aura la lumière de la vie. » Le baptisé, éclairé par Jésus, devient lumière à son tour pour les autres !

« Celui-ci est mon Fils bien-aimé ; en lui, J'ai mis tout mon amour. » Matthieu 3, 17.

93 N'importe qui peut-il être baptisé ?

Tout être humain peut recevoir le baptême ! Les parents chrétiens aiment donner ce qui est bon pour leur enfant : l'affection, l'éducation... Demander à l'Église le baptême pour son bébé participe de ce désir. Mais on peut se faire baptiser à n'importe quel âge, et même sur son lit de mort : il n'est jamais trop tard ! Dieu nous rejoint toujours là où nous en sommes.

Pourquoi met-on des robes blanches aux bébés qu'on baptise ? 94

Le blanc est la couleur de la résurrection de Jésus-Christ. En mettant un vêtement blanc, le baptisé montre qu'il s'est « habillé » du Christ : il est ressuscité avec lui par son baptême.

Pourquoi voit-on des langues de feu au-dessus de Marie et des disciples ?

95

Ces langues de feu, c'est l'Esprit saint qui est descendu sur eux, comme Jésus l'avait promis : « Vous serez mes témoins à Jérusalem, dans toute la Judée et la Samarie, et jusqu'aux extrémités de la terre. » L'Esprit de Dieu chasse toute peur de leur cœur et les aide à trouver les mots justes. À Jérusalem ce jour-là, le jour de la Pentecôte, trois mille personnes ont demandé le baptême !

96 Qui est l'Esprit saint ?

L'Esprit saint est le souffle divin qui nous fait agir, prier et connaître Dieu. Il est la troisième personne de la Trinité, qui est un grand mystère. Dieu est un seul Dieu, mais tellement plein d'amour qu'il est trois personnes : le Père, créateur du monde, son Fils Jésus, le Christ ressuscité, et le Saint-Esprit qui répand l'amour dans nos cœurs.

« Je vous donnerai un cœur nouveau, Je mettrai en vous un esprit nouveau. » Ézéchiel 36, 26.

97 Peut-on le connaître ?

Pour connaître quelqu'un, il faut le fréquenter ! Plus on prie l'Esprit saint, plus on lui demande de l'aide, plus il nous est familier. Il est là, tout au long de notre vie, depuis la première grande rencontre avec lui le jour de notre baptême, et il attend que nous l'invoquions pour nous aider.

98

Peut-on voir l'Esprit saint ?

L'Esprit saint pousse à agir, conseille, fortifie, vivifie, embrase, encourage, éclaire, rend libre. Il fait vivre ! On ne peut pas le voir vraiment, mais son œuvre est visible à chaque fois que l'amour gagne dans le monde.

99

À quoi sert le sacrement des malades ?

Le sacrement des malades est donné par le prêtre avec de l'huile bénite sur le front et les mains. Cette nouvelle rencontre avec Jésus – qui a lui aussi souffert sur la croix – donne réconfort, paix et courage en plus du pardon des péchés au malade où à la personne âgée. Elle permet aussi de se préparer à la mort, au passage à la vie éternelle.

100

Qu'est-ce que ça change, la confirmation ?

Être confirmé, c'est devenir un chrétien adulte, prêt à prendre sa place dans l'Église. L'Esprit qui est donné le jour de la confirmation donne la force de témoigner de l'amour de Dieu, comme tous les saints l'ont fait avant nous et en ce moment même !

101 Quelle est ma vocation ?

Dieu appelle chacun à être saint, à devenir comme le Christ ! Les chemins de vie pour cela sont divers, mais ce sont toujours des chemins de l'amour. Certains sont appelés à aimer un conjoint à travers le sacrement de mariage, d'autres à être signe de Jésus en devenant prêtre, religieux, religieuses… Chacun a une vocation à découvrir. Chut… écoute le Seigneur pour trouver le chemin qu'Il te propose.

Pourquoi les mariés se donnent-ils une alliance ?

102

Pendant la cérémonie, les mariés établissent entre leurs deux vies une alliance jusqu'à la mort. Ils s'échangent un anneau en disant : « Je te donne cette alliance, signe de mon amour et de ma fidélité. » Comme l'amour de Dieu, l'anneau offert est un cercle qui ne « finit » pas, symbole d'engagement, mais aussi d'unité.

Pourquoi se marier à l'Église ?

103

Les couples chrétiens croient que leur amour vient de Dieu et qu'Il les aidera dans leur vie à deux. Ils s'engagent devant Lui et l'Église « à s'aimer fidèlement tout au long de leur vie. » Ils se reçoivent comme époux et se donnent l'un à l'autre dans le sacrement de mariage. Cet amour conjugal est, pour le monde, un signe de l'amour du Christ pour son peuple.

Pourquoi certaines personnes veulent-ils être prêtre, religieux ou religieuse ?

104

Certains d'entre nous sommes appelés à servir le Seigneur en lui consacrant totalement notre vie. Pendant plusieurs années, ces personnes réfléchiront avec d'autres à leur appel et se prépareront à vivre leur engagement. Quand elles seront prêtes, elles deviendront prêtre, religieux ou religieuse ou encore laïc consacré.

105

Pourquoi certains pères de famille sont-ils diacres ?

Certains hommes mariés peuvent être choisis par l'Église pour être ordonnés diacres permanents. Leur rôle consiste à manifester le Christ serviteur. Ils ont donc souvent une mission auprès des malades et des pauvres. À la messe, ils peuvent lire l'Évangile et nous l'expliquer dans l'homélie. Ils peuvent également baptiser et, comme le prêtre, être témoins officiels du « oui » des mariés.

« Ce n'est pas vous qui m'avez choisi, dit Jésus, c'est moi qui vous ai choisis. » Jean 15, 16.

106

À quoi bon s'enfermer dans un couvent ?

Certains ont été appelés par Dieu à prier sans cesse. Ils sont devenus moines ou moniales, dans un monastère. Loin de fuir le monde, ils prient chaque jour pour lui, et travaillent aussi pour subvenir à leurs besoins quotidiens. Ils ne « servent » à rien, ils sont des veilleurs pour le monde ! Beaucoup aiment passer quelques jours avec eux pour se consacrer à la réflexion et à la prière.

107 Pourquoi prier Marie et pas Jésus directement ?

À Cana, lors d'un mariage, Marie voit qu'il n'y a plus de vin. La fête risque d'être gâchée ! Elle sait que Jésus peut aider, faire des miracles… Elle dit alors aux serviteurs : « Faites ce qu'il vous dira. » Les serviteurs écoutent Jésus et l'eau des jarres devient… du vin ! Quand nous prions Marie, elle porte nos prières à Jésus. Elle sait qu'il les écoutera.

108 Est-ce vrai que certains voient Marie ?

Sainte Bernadette, jeune fille toute simple de Lourdes, voit un jour Marie qui lui confie un message pour l'Église. Depuis, des millions de pèlerins viennent prier la Vierge à Lourdes tous les ans et des malades y reçoivent parfois la guérison. Une multitude de personnes ont assisté à des apparitions de Marie au cours des siècles. Ces rencontres les ont aidées dans leur foi et ont nourri celle de beaucoup d'autres.

« Marie, cependant, retenait tous ces événements et les méditait dans son cœur. » Luc 2, 19.

109 Pourquoi dit-on que Marie est notre mère ?

Au pied de la croix, il n'y a plus qu'un seul apôtre : Jean. Près de Jésus crucifié se tient aussi sa maman. Jésus dit à Jean : « Voici ta mère » et à Marie : « Voici ton fils. » Par ces mots, il donne Marie comme mère à Jean et à tous les amis de Jésus, et confie à Marie tous les chrétiens, l'Église, chacun de nous.

110

Pourquoi récite-t-on le « Je vous salue Marie » ?

Le « Je vous salue Marie » est à la fois un salut – une façon de dire bonjour à Marie, de lui dire qu'on l'aime –, et une demande. Nous demandons à la Sainte Vierge, qui est près de Dieu, de prier pour nous à chaque instant, « maintenant et à l'heure de notre mort ». En récitant cette prière, on se rapproche de Marie et donc de son fils, Jésus.

Pourquoi le 15 août est-il férié ?

112

Le 15 août, nous fêtons Marie montée au ciel, près de Dieu. C'est l'Assomption. De nombreux pays célèbrent cette fête en organisant des processions avec, en tête de cortège, une statue de la Vierge.

111

Pourquoi appelle-t-on Marie « la Vierge » ?

Marie est la Vierge que le peuple juif attendait : « Voici que la vierge est enceinte et enfantera un fils », annonce Isaïe dans l'Ancien Testament. Cela semble impossible : une vierge – une femme qui n'a jamais eu de relations sexuelles – ne peut pas être enceinte ! Mais rien n'est impossible à Dieu et, par l'action de l'Esprit, Marie va porter son Fils.

113 Qu'est-ce qu'un saint ?

Un saint est une personne heureuse ! Jésus invite les hommes à partager sa vie, à le suivre, pour qu'ils connaissent le bonheur. Nous pouvons tous répondre à cet appel. Il existe des millions de saints, peut-être des milliards, depuis le début des temps et encore aujourd'hui.

Faut-il être parfait pour être saint ? 114

Personne n'est parfait ! Mais tout le monde peut accepter de se laisser transformer par l'amour de Dieu. D'ailleurs, les grands saints que nous connaissons sont souvent des pécheurs qui ont progressé dans leur connaissance de Dieu et qui ont appris à mieux faire sa volonté tout au long de leur vie. C'est à cela que Jésus nous appelle, à choisir la vie, le bonheur, la perfection de l'amour !

« Réjouissez-vous parce que vos noms sont inscrits dans les cieux. » Luc 10, 20.

Qu'est-ce que la fête de la Toussaint ? 115

C'est la fête de tous les saints ! Ce jour-là, nous chantons avec tous les saints, connus et inconnus, nous prions avec eux, nous leur confions notre désir d'être heureux comme eux et de voir Dieu face à face. La Toussaint est célébrée le 1er novembre.

116

Mon saint patron peut-il m'aider ?

Ton saint patron est le saint dont tu portes le prénom ou que tes parents ont choisi pour toi. Comme tous les saints qui sont déjà morts, ton saint patron est tout près de Dieu et il est d'accord pour prier pour toi autant que tu le demanderas ! Tu peux aussi apprendre à mieux le connaître à travers les livres qui racontent ce qu'il a dit et fait de bon sur terre. Nous pouvons tous prendre exemple sur nos saints patrons !

117

Pourquoi va-t-on dans les cimetières le 2 novembre ?

Le 2 novembre, on prie particulièrement pour les morts, pour qu'ils puissent, si ce n'est pas encore le cas, connaître le bonheur de vivre auprès de Dieu.

118

Qu'est-ce qu'un martyr ?

Un martyr est une personne qui a été tuée à cause de sa foi en Jésus. Depuis saint Étienne, le premier martyr lapidé à Jérusalem, jusqu'à aujourd'hui, des milliers de chrétiens ont préféré donner leur vie dans de nombreux pays du monde plutôt que de renier le Christ.

119

Où va-t-on quand on est mort ?

La mort est un passage, pas un point final ! On peut choisir la vie éternelle avec Dieu ou refuser son amour. Personne ne sait exactement comment cela sera, mais ce qui est sûr, c'est que Dieu souhaite que nous demeurions avec Lui. C'est ce qu'on appelle « le paradis », une joie parfaite et infinie qui ne sera plus menacée ni par la maladie, ni par la souffrance.

« J'habiterai la maison du Seigneur pour la durée de mes jours. » Psaume 22, 6.

120

Sait-on quand la fin du monde aura lieu ?

« Nul ne connaît ni le jour, ni l'heure ! » Mais ce que l'on sait, c'est que la fin des temps aura lieu quand Jésus reviendra. Nous ressusciterons et nous pourrons vivre auprès de Dieu avec notre corps et notre âme. Son royaume arrivera à sa plénitude : il n'y aura plus dans le monde ni injustice, ni malheur. Ceux qui seront alors unis au Christ connaîtront le bonheur, la paix, la communion pour l'éternité. C'est notre espérance !

43 quai de Grenelle - 75015 Paris

Dépôt légal : novembre 2013 – Édition 01

Loi n°49-956 du 16 juillet 1949
sur les publications destinées à la jeunesse.
Imprimé en Chine par Toppan.
Achevé d'imprimer en novembre 2013.